JACQUES PRÉVERT

IMAGES DE JACQUELINE DUHÊME

Le Bateau La Terre

RUE DU MONDE

Les palmes
et les branches
les tiges
et les feuillages

tout ça c'est les hélices
de la Terre
qui la font naviguer
dans les mers du ciel

Au milieu
un grand arbre
n'arrête pas de tourner

Et le bateau *La Terre*

roule par tous les temps

et pendant son voyage
on voit dans son sillage

des tas
de poissons volants

qui nagent dans l'air liquide
et y volent en même temps

Et la lune c'est le phare

pour les traversées de nuit

et le soleil
c'est le grand
sémaphore
avec ses
trois cent
soixante-cinq
signaux

pour tous les jours multicolores

mercredi
Jeudi
dimanche

6,00
2007
8-1

[redacted]

Achevé d'imprimer en février 2004 sur les presses de CCIF
à Saint-Germain-du-Puy (18) - France
Dépôt légal : février 2004